WINTERDRINKS
MIT 3 ZUTATEN

～～～～～～～

HILDEGARD MÖLLER

WINTER-DRINKS

MIT 3 ZUTATEN

MIT
UND OHNE
ALKOHOL

Jan Thorbecke Verlag

VERLAGSGRUPPE PATMOS

PATMOS
ESCHBACH
GRÜNEWALD
THORBECKE
SCHWABEN
VER SACRUM

Die Verlagsgruppe
mit Sinn für das Leben

Die Autorin

Hildegard Möller lebt in Münster und war nach ihrem Studium Inhaberin und Küchenchefin zweier Gastronomiebetriebe. Seit einigen Jahren setzt die Öko-trophologin ihr kreatives Handwerk am Schreibtisch fort. Als Kochbuchautorin und Food-Journalistin schreibt und kocht sie mit Leidenschaft. Zu Hause experimentiert sie gerne mit Produkten aus ihrem eigenen Garten, wo von Apfel bis Zitronen-melisse alles wächst. Bei Thorbecke erschienen von ihr bereits »Limo, Brause & Spritz«, »Frische Kräuterdrinks«, »Sommerdrinks« und »Winterdrinks«.

Die Verlagsgruppe Patmos ist sich ihrer Verantwortung ge-genüber unserer Umwelt bewusst. Wir folgen dem Prinzip der Nachhaltigkeit und streben den Einklang von wirtschaftlicher Entwicklung, sozialer Sicherheit und Erhaltung unserer natür-lichen Lebensgrundlagen an. Näheres zur Nachhaltigkeits-strategie der Verlagsgruppe Patmos auf unserer Website www.verlagsgruppe-patmos.de/nachhaltig-gut-leben

Gestaltung & Fotos: Finken & Bumiller, Stuttgart
Druck: Finidr s.r.o., Český Těšín
Hergestellt in Tschechien
ISBN 978-3-7995-1595-5

✦ INHALT ✦

SUPERSCHNELL & KÖSTLICH

WINTERDRINKS MIT NUR 3 ZUTATEN

Cocktail-Time, aber keine Lust zig Zutaten einzukaufen? Kein Problem! Mit diesen Rezepten lassen sich magisch leckere Drinks zaubern, für die nur 3 Zutaten gebraucht werden. Die trendigen Mixgetränke sparen Zeit und Geld – und das Beste ist: Mit den wenigen Zutaten und ohne großartiges exotisches Beiwerk kommen die einzelnen Geschmackskomponenten noch viel besser zur Geltung. Winter-Lillet, heißer Bratapfel-Cidre und Spekulatius Latte sind ohne ein großes Sammelsurium an Spirituosen und Likören und ohne aufwendiges Bar-Equipment im Handumdrehen gemixt. Die smarten Drinks versprechen maximales Winterfeeling und werden zudem von köstlichen Eyecatchern begleitet: Fingerfood und stylische Appetizer wie Lachs-Pumpernickel-Bites oder Feta-Spieße mit Cranberrys und Walnüssen sind zum Snacken ideal und ebenfalls mit nur wenigen Zutaten und mit nur minimalem Aufwand zubereitet.

Viel Freude mit den Winterdrinks & Snacks!
Hildegard Möller

Hinweise:
Eiswürfel und Crushed Ice werden bei den Rezepten nicht als Zutat mitgezählt.
Die Zutaten für die Garniturvorschläge sind optional und für den Geschmack nicht relevant.

BIRNE-
GIN-TONIC

Für 1 Drink (250 ml)

50 ml Gin
100 ml Birnensaft
100 ml Tonic Water

Eiswürfel

Zubereitungszeit
5 Minuten

1 Einige Eiswürfel in ein Glas geben. Mit Gin und Birnensaft übergießen. Mit Tonic Water auffüllen.

2 Den Drink sofort servieren.

Garniturvorschlag Aus 1 Birnenscheibe mit einem Plätzchenausstecher ein weihnachtliches Motiv wie zum Beispiel einen Tannenbaum oder einen Stern ausstechen und auf den Glasrand stecken. Mit 1 Thymianzweig garnieren.

BAILEYS ESPRESSO
✦ MARTINI ✦

Für 1 Drink (120 ml)

1 kalter, doppelter Espresso
   (60 ml)
30 ml irischer Cremelikör
   (z. B. Baileys)
30 ml Wodka

Eiswürfel

Zubereitungszeit
10 Minuten

1 Einige Eiswürfel in einen Shaker geben. Den Espresso, den Cremelikör und den Wodka hinzugeben. Den Deckel auf den Shaker setzen und ca. 20 Sekunden kräftig schütteln.

2 Den Cocktail in ein Martiniglas abseihen (das Eis bleibt im Shaker). Nach einigen Sekunden sollte sich eine schaumige Schicht auf dem Cocktail absetzen. Den Drink sofort servieren.

Garniturvorschlag Den Cocktail mit Kaffeebohnen garnieren.

CHRISTMAS
✦ APEROL ✦

Für 1 Drink (200 ml)

50 ml Aperol
30 ml Cranberrysaft
120 ml Prosecco

Eiswürfel

Zubereitungszeit
5 Minuten

1 Einige Eiswürfel in ein Glas geben. Mit Aperol und Cranberrysaft übergießen. Mit Prosecco auffüllen.

2 Den Drink sofort servieren.

Garniturvorschlag Ca. 1 EL getrocknete Cranberrys mit Prosecco anfeuchten und auf einen kleinen Holzspieß stecken. Den Spieß in Zucker wenden und auf den Glasrand legen. 1 Rosmarinzweig in den Cocktail stecken.

JÄGER-MULE

Für 1 Drink (200 ml)

40 ml Kräuterlikör
   (z. B. Jägermeister)
20 ml Limettensaft
140 ml Ingwerbier

Eiswürfel

Zubereitungszeit
5 Minuten

1 Einige Eiswürfel in ein Glas füllen. Mit Kräuterlikör und Limettensaft übergießen. Mit Ingwerbier auffüllen.

2 Den Jäger-Mule sofort servieren.

Garniturvorschlag 2 Bio-Limettenscheiben und 2 ungeschälte Bio-Gurkenscheiben in den Cocktail geben.

⋆ NOG-TINI ⋆

Für I Drink (I00 ml)

40 ml Eierlikör
40 ml Wodka
20 ml Amaretto

Eiswürfel

Zubereitungszeit
5 Minuten
    + 10 Minuten Wartezeit

1 Einige Eiswürfel in einen Shaker geben. Den Eierlikör, den Wodka und den Amaretto hinzugeben. Den Deckel auf den Shaker setzen und ca. 20 Sekunden kräftig schütteln.

2 Den Cocktail in das gekühlte Glas abseihen (das Eis bleibt im Shaker) und sofort servieren.

Garniturvorschlag Den Cocktail mit frisch geriebener Muskatnuss und mit 1 Sternanis garnieren.

WINTER-LILLET
✦ ★ MIT APFEL ★ ✦

Für 1 Drink (200 ml)

50 ml Lillet Blanc
50 ml Apfelsaft
100 ml Tonic Water

Eiswürfel

Zubereitungszeit
5 Minuten

1 Einige Eiswürfel in ein Glas geben. Mit Lillet Blanc und Apfelsaft übergießen. Mit Tonic Water auffüllen.

2 Den Cocktail sofort servieren.

Garniturvorschlag Den Cocktail mit 1 Apfelscheibe, 1 Thymianzweig sowie 1 Zimtstange garnieren.

MARTINI MIMOSA

Für 1 Drink (200 ml)

1 Bio-Orange
50 ml roter Wermut
    (z. B. Martini Fiero)
100 ml Prosecco

Eiswürfe

Zubereitungszeit
10 Minuten

1 Die Bio-Orange halbieren und 50 ml Saft auspressen. Einige Eiswürfel in ein Glas geben. Mit Wermut übergießen.

2 Den ausgepressten Orangensaft durch ein kleines Sieb dazugießen. Mit Prosecco auffüllen und sofort servieren.

Garniturvorschlag Den Cocktail mit 1 Bio-Orangenscheibe garnieren.

BAILEYS COLADA

Für 1 Drink (180 ml)

60 ml irischer Cremelikör
   (z. B. Baileys)
20 ml Orangenlikör
100 ml Kokosmilch

Eiswürfel

Zubereitungszeit
10 Minuten

1 Einige Eiswürfel in einen Shaker geben. Den Cremelikör, den Orangenlikör und die Kokosmilch hinzugeben. Den Deckel auf den Shaker setzen und ca. 20 Sekunden schütteln.

2 Den Baileys Colada in ein Glas abseihen (das Eis bleibt im Shaker) und sofort servieren.

Garniturvorschlag 1 EL Kokosflocken auf einen flachen Teller geben. Den Glasrand mit etwas Orangenlikör anfeuchten und in die Kokosflocken drücken. Dann den Drink wie im Rezept beschrieben zubereiten. Übrig gebliebene Kokosflocken über den Cocktail streuen. Mit Bio-Orangenzesten garnieren.

✦ FETA-SPIEßE ✦
MIT CRANBERRYS UND WALNÜSSEN

Für ca. 16 Spieße

200 g fester Feta
50 g Walnusskerne
20 g getrocknete Cranberrys
2 Rosmarinzweige
1 TL frisch gemahlener
schwarzer Pfeffer
4 EL flüssiger Honig

Außerdem
Holzspießchen oder
Rosmarinzweige

Zubereitungszeit
25 Minuten

1 Den Feta ca. 2 cm groß würfeln. Die Walnusskerne und die Cranberrys fein hacken und auf einen tiefen Teller geben. Den Rosmarin waschen, trocken schütteln, die Nadeln abstreifen, fein hacken und dazugeben. Den Pfeffer hinzufügen und alle Zutaten vermischen. Den Honig in ein Schälchen geben.

2 Die Fetawürfel mithilfe von 2 Kuchengabeln zuerst in Honig, dann in der Walnuss-Cranberry-Mischung wenden. Die Würfel auf Holzspießchen oder Rosmarinzweige stecken. Hierfür die Rosmarinnadeln am unteren Stiel entfernen und den Stiel in das obere Drittel der Würfel stecken.

LACHS-PUMPER- ❄ NICKEL-BITES ❄

150 g Frischkäse
2 TL Sahnemeerrettich (Glas)
50 g Räucherlachs
120 g Pumpernickel
Salz
frisch gemahlener
    schwarzer Pfeffer
1 Bund Dill
1 TL rosa Pfefferbeeren

Außerdem
8 Holzspießchen oder
    Papier-Pralinenförmchen

Zubereitungszeit
20 Minuten

Den Frischkäse in eine Schüssel geben und mit dem Sahnemeerrettich mischen. Den Räucherlachs in kleine Würfel schneiden und unterrühren. Den Pumpernickel mit den Händen fein zerbröseln und die Hälfte davon untermischen. Mit Salz und Pfeffer würzen. Den Dill waschen, trocken schütteln, die Fähnchen abzupfen, hacken und unterrühren.

2 Die restlichen Pumpernickelbrösel mit den rosa Pfefferbeeren auf einem tiefen Teller mischen. Aus der Lachs-Frischkäsemasse mit leicht angefeuchteten Händen 8 Kugeln formen und in den restlichen Pumpernickelbröseln wenden. Die Kugeln auf Holzspießchen stecken oder in Papier-Pralinenförmchen servieren.

BRATAPFEL–
CIDRE

Für 1 Drink (250 ml)

200 ml Cidre
50 ml Amaretto
1 Zimtstange

Zubereitungszeit
10 Minuten

1 Den Cidre und den Amaretto in einen Topf geben. Die Zimtstange hinzugeben. Alles zusammen erhitzen (nicht kochen).

2 Den heißen Drink mit der Zimtstange in ein hitzebeständiges Glas oder in eine Tasse füllen und sofort servieren.

Garniturvorschlag 2 Apfelscheiben in einer Pfanne ohne Fett bei mittlerer bis starker Hitze auf beiden Seiten in ca. 3 Minuten hellbraun anrösten. Die gerösteten Apfelscheiben in den Drink geben oder auf einen Holzspieß stecken und auf den Glasrand legen.

EGGNOG MIT WEIßER SCHOKOLADE

Für 1 Drink (250 ml)

160 ml Milch
40 g weiße Schokolade
50 ml Eierlikör

Zubereitungszeit
10 Minuten

1 Die Milch in einem Topf erhitzen (nicht kochen). Die Schokolade in kleine Stücke brechen und darin schmelzen.

2 Den Eierlikör unter die Schokoladenmilch rühren. Den Eggnog in ein hitzebeständiges Glas oder in eine Tasse füllen und sofort servieren.

Garniturvorschlag Den Eggnog mit Kakaopulver bestäuben.

★ HOT ★
NEGRONI
ORANGE

Für 1 Drink (100 ml)

30 ml Gin
40 ml roter Wermut
   (z. B. Martini Fiero)
30 ml Orangenlikör

Zubereitungszeit
5 Minuten

1 Den Gin, den Wermut und den Orangenlikör in einen Topf geben und erhitzen (nicht kochen).

2 Den Cocktail in ein hitzebeständiges Glas oder in eine Tasse füllen und sofort servieren.

Garniturvorschlag Den Drink mit 1 Zimtstange und mit 1 Bio-Orangenscheibe garnieren.

MARZIPAN-RUM-MACCHIATO

Für 1 Drink (200 ml)

120 ml Milch
50 g Marzipanrohmasse
30 ml brauner Rum

Zubereitungszeit
10 Minuten

1 Die Milch in einem Topf erhitzen (nicht kochen). Die Marzipanrohmasse in kleine Stücke schneiden und unterrühren. So lange rühren, bis sich das Marzipan aufgelöst hat. Dann den Rum hinzugeben und alles mit dem Schneebesen schaumig schlagen.

2 Den Marzipan-Rum-Macchiato in ein hitzebeständiges Glas oder in eine Tasse füllen und sofort servieren.

Garniturvorschlag Den Marzipan-Rum-Macchiato mit Bourbon-Vanillezucker bestreuen.

LIMONCELLO-
GLÜHWEIN

Für 1 Drink (200 ml)

160 ml Weißwein
40 ml Limoncello
1 Sternanis

Zubereitungszeit
10 Minuten

1 Den Weißwein und den Limoncello in einen Topf geben. Den Sternanis hinzugeben. Alles zusammen erhitzen (nicht kochen).

2 Den Limoncello-Glühwein mit dem Sternanis in ein hitzebeständiges Glas oder in eine Tasse füllen und sofort servieren.

Garniturvorschlag Den Glühwein mit 1 Bio-Zitronenscheibe und weihnachtlichen Gewürzen wie zum Beispiel mit 1 Zimtstange und 1 Gewürznelke garnieren.

LEBKUCHEN- WODKA

Für 1 Drink (150 ml)

100 ml Milch
40 ml Wodka
1 Lebkuchen (ca. 30 g)

Zubereitungszeit
10 Minuten

1 Die Milch und den Wodka in einen Topf geben. Den Lebkuchen zerbröseln und dazugeben. Alles zusammen erhitzen (nicht kochen).

2 Die Milch-Wodka-Lebkuchenmischung in einen Mixbecher gießen. Alles zusammen mit dem Pürierstab pürieren und in ein hitzebeständiges Glas oder in eine Tasse füllen. Sofort servieren.

Garniturvorschlag 1 Lebkuchen in einer kleinen, flachen Schale zerbröseln. Den Glasrand mit etwas Wodka anfeuchten und in die Lebkuchenbrösel drücken. Dann den Drink wie im Rezept beschrieben zubereiten.

RED RUDOLPH

Für 1 Drink (250 ml)

50 ml Sahne
50 ml roter Wermut
   (z. B. Martini Fiero)
150 ml Tonic Water

Zubereitungszeit
10 Minuten

1 Die Sahne in einen Mixbecher geben und steif schlagen. Den Wermut und das Tonic Water in einen Topf geben und erhitzen (nicht kochen).

2 Den Cocktail in ein hitzebeständiges Glas oder in eine Tasse füllen. Die Sahne daraufgeben und den Drink sofort servieren.

Garniturvorschlag 1 Rosmarinzweig in den Cocktail stecken.

TOMATEN-MOZZARELLA-TØRTCHEN

Für 12 Törtchen

12 Kirschtomaten
1 Kugel Mozzarella (125 g)
1 Rolle Blätterteig (275 g)
125 g Kräuterfrischkäse
1 TL frisch gemahlener
   schwarzer Pfeffer
1 TL getrocknete italienische
   Kräuter

Außerdem
12-er Muffinform
Butter zum Einfetten

Zubereitungszeit
15 Minuten
   + 20 Minuten Backzeit

1 Den Backofen auf 200 °C (Umluft) vorheizen. Die Kirschtomaten waschen und halbieren. Den Mozzarella reiben. Die Mulden der Muffinform mit Butter einfetten.

2 Den Blätterteig entrollen und mit Kräuterfrischkäse bestreichen. Den Mozzarella darauf verteilen. Mit Pfeffer und italienischen Kräutern bestreuen. Den Teig in 12 Quadrate schneiden, die Quadrate in die Mulden der Muffinform legen. Die Tomatenhälften darauf verteilen. Die Törtchen im heißen Ofen ca. 20 Minuten backen. Danach vorsichtig aus der Form lösen. Die Törtchen schmecken warm und kalt.

BAKED CAMEMBERT MIT PILZEN

Für 4 Portionen

7 EL Olivenöl
2 Knoblauchzehen
500 g Champignons
Salz
frisch gemahlener
    schwarzer Pfeffer
1 Camembert (ca. 250 g)
4 Thymianzweige
150 g Baguette

Außerdem
ofenfeste Form

Zubereitungszeit
15 Minuten
    + 20 Minuten Backzeit

1 Den Backofen auf 200 °C (Ober-/Unterhitze) vorheizen. 4 EL Olivenöl in eine Schüssel geben. Die Knoblauchzehen schälen und dazupressen. Die Champignons von erdigen Enden befreien, halbieren und mit der Marinade mischen. Mit Salz und Pfeffer würzen.

2 Den Camembert in die Mitte der Form legen und ca. 0,5 cm tief kreuzweise einschneiden, dabei nicht in den Rand schneiden. Mit ½ EL Olivenöl beträufeln. Die Champignons um den Käse herum verteilen. Den Thymian waschen und trocken schütteln, die Blättchen abstreifen und darüberstreuen.

3 Das Baguette in Scheiben schneiden und mit dem restlichen Olivenöl beträufeln. Die Scheiben aufrecht entlang des Randes in die Form stellen. Im heißen Ofen ca. 20 Minuten backen. Sofort servieren.

GEEISTER KOKOS-VANILLE- ✦ ESPRESSO ✦

Für 1 Drink (120 ml)

1 heißer doppelter Espresso
   (ca. 60 ml)
2 TL Bourbon-Vanillezucker
60 ml Kokosmilch

Eiswürfel

Zubereitungszeit
5 Minuten

1 Den Espresso mit dem Bourbon-Vanillezucker verrühren und in ein Glas gießen. Einige Eiswürfel hinzufügen.

2 Mit Kokosmilch übergießen und den Cocktail sofort servieren.

Garniturvorschlag 1 EL Kokosflocken auf einen flachen Teller geben. Den Glasrand mit etwas Wasser anfeuchten und in die Kokosflocken drücken. Dann den Drink wie im Rezept beschrieben zubereiten.

CRANBERRY- CLEMENTINEN- SPRITZ

Für I Drink (250 ml)

2 Clementinen
50 ml Cranberrysaft
100 ml Tonic Water

Eiswürfel

Zubereitungszeit
10 Minuten

1 Den Saft der Clementinen auspressen (ca. 100 ml). Einige Eiswürfel in ein Glas geben. Den ausgepressten Clementinensaft durch ein kleines Sieb daraufgießen. Den Cranberrysaft dazugießen.

2 Mit Tonic Water auffüllen und den Drink sofort servieren.

Garniturvorschlag 1 EL getrocknete Cranberrys in den Spritz geben oder auf einen Holzspieß stecken. Mit einem Thymianzweig dekorieren.

SPEKULATIUS ✳ LATTE ❆ ❆

Für 1 Drink (200 ml)

150 ml Milch
1 TL Spekulatiusgewürz
50 g weiße Schokolade

Eiswürfel

Zubereitungszeit
10 Minuten +
    ca. 40 Minuten Abkühlzeit

1 Die Milch mit dem Spekulatiusgewürz in einen Topf geben und erhitzen (nicht kochen). Die Schokolade in kleine Stücke brechen und in der heißen Milch schmelzen. Vom Herd nehmen und abkühlen lassen.

2 Die Spekulatius-Schokoladenmilch in ein Glas füllen. Einige Eiswürfel in den Drink geben und sofort servieren.

Garniturvorschlag 1 Spekulatiuskeks mithilfe eines Nudelholzes auf der Arbeitsfläche fein zerbröseln und auf einen flachen Teller geben. Den Glasrand mit etwas Wasser anfeuchten und in die Brösel drücken. Dann den Drink wie im Rezept beschrieben zubereiten.

PFLAUME–
✦ TONIC ✦

Für I Drink (200 ml)

~~~~~~~~~~~~~~~~~~~~~~~~~~~

2 EL Pflaumen
   + 4 EL Pflaumen-Aufguss-
   flüssigkeit (aus dem Glas)
1 Sternanis
100 ml Tonic Water

2 EL Crushed Ice

Zubereitungszeit
5 Minuten

1 Die Pflaumen in ein Glas geben. Die Pflaumen-Aufguss-
flüssigkeit dazugeben. Crushed Ice und den Sternanis
hinzufügen.

2 Mit Tonic Water auffüllen und sofort servieren.

~~~~~~~~~~~~~~~~~~~~~~~~~~~

Garniturvorschlag 1 Rosmarinzweig mit Wasser anfeuchten, in Zucker wenden und in den Drink stecken.

ROOIBOS-AMARETTINI-TEE

Für 1 Drink (200 ml)

150 ml Roiboos-Vanilletee
50 ml Sahne
20 g Amarettini

Zubereitungszeit
10 Minuten

1 Den Tee in einen Topf geben. Die Sahne und die Amarettini hinzugeben und alles zusammen erhitzen (nicht kochen).

2 Die Tee-Sahne-Amarettinimischung in einen Mixbecher gießen. Alles zusammen mit dem Pürierstab schaumig pürieren und in ein hitzebeständiges Glas oder in eine Tasse füllen. Sofort servieren.

Garniturvorschlag 1–2 Amarettini mit den Händen zerbröseln und über den Drink streuen.

❄ APFEL- ❄
SCHNEEGESTÖBER

Für 1 Drink (150 ml)

~~~~~~~~~~~~~~~~~~~~~~~~~~

2 EL Apfelmus
¼ TL Zimt
50 ml Sahne

2 EL Crushed Ice

Zubereitungszeit
5 Minuten

1 Das Apfelmus in ein Glas geben. Den Zimt unterrühren. Die Sahne daraufgießen. .

2 Mit Crushed Ice auffüllen und sofort servieren.

~~~~~~

Garniturvorschlag Den Drink mit 1 Apfelscheibe und
mit 1 Zimtstange garnieren.

INGWER- GRANATAPFEL- PUNSCH

Für I Drink (250 ml)

10 g frischer Ingwer
100 ml Granatapfelsaft
150 ml Ingwerbier

Zubereitungszeit
10 Minuten

1 Den Ingwer waschen und mit Schale in feine Scheiben schneiden.

2 Den Granatapfelsaft, das Ingwerbier und die Ingwerscheiben in einen Topf geben und erhitzen (nicht kochen). Den Drink in ein hitzebeständiges Glas oder in eine Tasse geben und sofort servieren. .

Garniturvorschlag 2 Zitronenscheiben und 1 EL Granatapfelkerne in den Punsch geben. Mit Minzezweigen garnieren.

BACON-PFLAUMEN-TOASTIES

Für 8 Toasties

200 g Doppelrahmfrischkäse
60 g getrocknete, entsteinte
    Pflaumen
6 Thymianzweige
Salz
frisch gemahlener
    schwarzer Pfeffer
4 Scheiben Sandwich-Toast
8 Scheiben Bacon

Außerdem
Öl zum Einpinseln
8 Holzspießchen

Zubereitungszeit
20 Minuten
    + 15 Minuten Backzeit

1 Den Backofen auf 220 °C (Ober-/Unterhitze) vorheizen. Den Frischkäse in eine kleine Schüssel geben. Die getrockneten Pflaumen fein hacken und unterrühren. Den Thymian waschen, trocken schütteln, die Blättchen abstreifen und unterrühren. Mit Salz und Pfeffer würzen.

2 Von den Toastbrotscheiben die Rinde abschneiden. Jede Toastscheibe in 4 gleich große Quadrate schneiden und diese großzügig mit Pflaumen-Frischkäsemasse bestreichen. Die Baconscheiben quer halbieren. Je eine halbe Scheibe locker gefaltet darauflegen.

3 Ein Backblech dünn mit Öl einpinseln. Die Toasties daraufsetzen und ca. 15 Minuten im Ofen backen, bis der Bacon knusprig wird. Aus dem Ofen nehmen. Jeweils 2 Bacon-Pflaumen-Toasties übereinandersetzen. Die Türmchen mit einem Holzstäbchen fixieren und heiß servieren.

BURRITO-
✦WRAP-ROLLS✦

Für 12 Mini-Wraps

150 g Frischkäse
3 TL rote Currypaste
3 Snackgurken (ca. 100 g)
1 kleine rote Paprika
2 Lauchzwiebeln
3 Weizen-Tortillafladen
Salz
frisch gemahlener
    schwarzer Pfeffer
3 TL Srirachasauce

Zubereitungszeit
20 Minuten

1 Den Frischkäse mit der Currypaste verrühren. Die Snackgurken putzen, waschen und in feine Scheiben schneiden. Die Paprika waschen, putzen und in kleine Würfel schneiden. Die Lauchzwiebeln waschen, putzen und in feine Röllchen schneiden.

2 Eine große Pfanne erhitzen und die Tortillas darin nacheinander ohne Fett von beiden Seiten jeweils ca. 30 Sekunden erhitzen. Herausnehmen.

3 Die Tortillas mit der Frischkäsemasse bestreichen. Die Gurkenscheiben, die Paprikawürfel und die Lauchringe darauf verteilen, dabei einen Rand von ca. 1 cm frei lassen. Mit Salz und Pfeffer bestreuen. Mit Srirachasauce beträufeln.

4 An gegenüberliegenden Seiten den Rand ca. 2–3 cm zur Mitte hin einschlagen. Von unten aufrollen und quer in 4 gleich große Stücke schneiden.

✦ REGISTER ✦

Drinks

Snacks zu den Drinks